школа - a skoro	2
путешествие - a koiri	5
транспорт - a transport	8
город - a foto	10
ландшафт - a landschap	14
ресторан - a restaurant	17
супермаркет - a wenkri	20
напитки - a dringi	22
еда - a nyan	23
ферма - a burugron	27
дом - a oso	31
гостиная - a foroisi	33
кухня - a botrali	35
ванная комната - a was oso	38
детская комната - a pikin kamra	42
одежда - a krosi	44
офис - a kantoro	49
экономика - a ekonomia	51
профессии - den kari	53
инструменты - a wrokosani	56
музыкальные инструменты - den poku sani	57
зоопарк - a meti dyari	59
спорт - a sport	62
действия - den aktifiteit	63
семья - a famiri	67
тело - a skin	68
больница - a ati oso	72
неотложный случай - a nowtu	76
земля - a grontapu	77
часы - oloisi	79
неделя - a wiki	80
год - a yari	81
формы - den form	83
цвета - kloru	84
противоположности - difrenti	85
цифры - den nomru	88
языки - den tongo	90
кто / что / как - suma / sang / fa	91
где - pe	92

Impressum
Verlag: BABADADA GmbH, Nedderfeld 112 , 22529 Hamburg
Geschäftsführer / Verlagsleitung: Harald Hof
Druck: Books on Demand GmbH, In de Tarpen 42, 22848 Norderstedt

Imprint
Publisher: BABADADA GmbH, Nedderfeld 112 , 22529 Hamburg, Germany
Managing Director / Publishing direction: Harald Hof
Print: Books on Demand GmbH, In de Tarpen 42, 22848 Norderstedt

школа
a skoro

классная комната
a klas

делить
prati

186/2

доска
a bord

школьный двор
a skoro dyari

учитель
a leriman

бумага
a papira

писать
skrifi

ручка
a pen

письменный стол
a tafra

линейка
a lati

книга
a buku

ученик
a studenti

ранец
a skorotas

пенал
a kisi

карандаш
a skriftiki

точилка
a srapu

ластик
a sisibi

альбом для рисования
a prenki buku

рисунок
a prenki

кисточка
a kwasi

коробка красок
a ferfidosu

ножницы
a sisei

клей
a gomma

тетрадь
a skrifbuku

домашняя работа
a skorowroko

цифра
a nomru

прибавлять
teri

вычитать
koti

умножать
vermenigvuldig

считать
teri

буква
a brifi

алфавит
a alfabet

слово
a wortu

школа - a skoro

текст
a wortu

читать
lesi

мел
a kreiti

урок
a yuru

классный журнал
a klasbuku

экзамен
a examen

диплом
a skoropapira

школьная форма
a sem skoro krosi

образование
a skoro

энциклопедия
a encyklopedie

университет
a unifersiteit

микроскоп
a mikroskoop

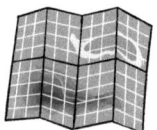
карта
a karta

корзина для бумаг
a doti embre

школа - a skoro

путешествие

a koiri

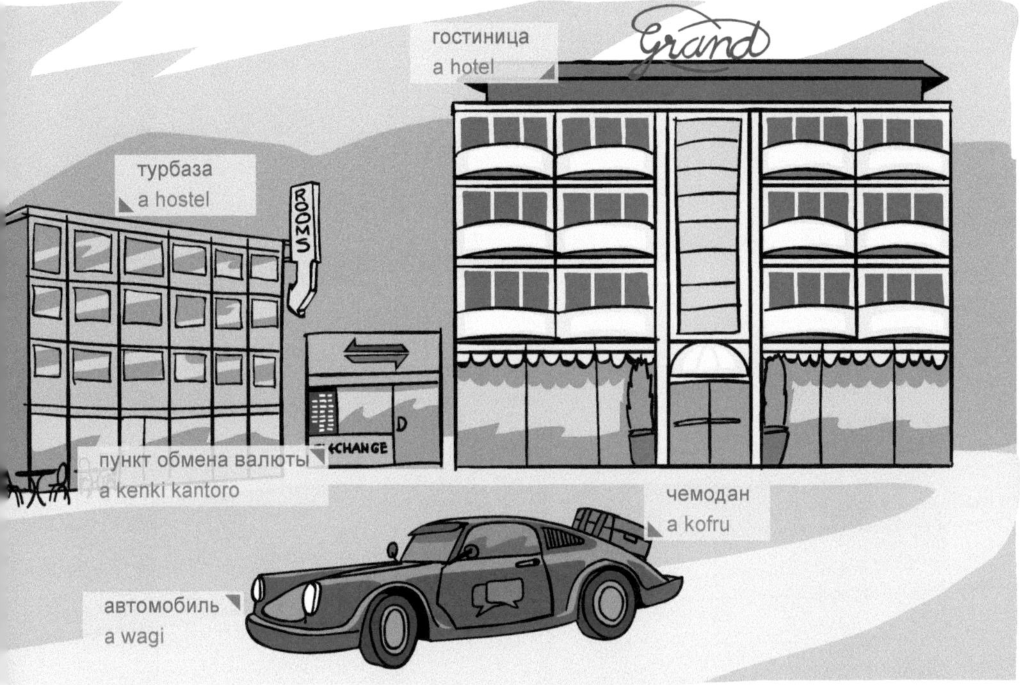

гостиница
a hotel
Grand
турбаза
a hostel
ROOMS
пункт обмена валюты
a kenki kantoro
EXCHANGE
чемодан
a kofru
автомобиль
a wagi

язык
a tongo

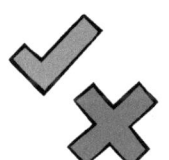

да / нет
ai / no

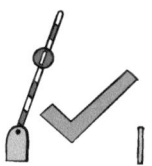

хорошо
afen

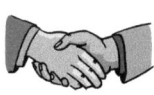

Привет
Ei!

переводчик
a torku

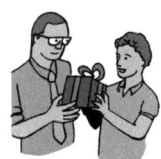

Спасибо
Grantangi

Сколько стоит...?
O meni...?

Я не понимаю
Mi ne ferstan

проблема
a problema

Добрый вечер!
Kuneti!

Доброе утро!
Morgu!

Доброй ночи!
Kuneti!

До свидания
Adyosi!

направление
a beni

багаж
a bagasi

сумка
a tas

рюкзак
a tas

гость
a fisiti

комната
a kamra

спальный мешок
a sribi saka

палатка
a tenti

путешествие - a koiri

туристическая информация
a reiskantoro

пляж
a sekanti

кредитная карточка
a kreditkarta

завтрак
a mamanten nyanyan

обед
nyanyan

ужин
a nyanyan

билет
a karta

лифт
a lift

почтовая марка
a stampu

граница
a lanki

таможня
a douane

посольство
a ambassade

виза
a fisa

паспорт
a pasportu

путешествие - a koiri

транспорт
a transport

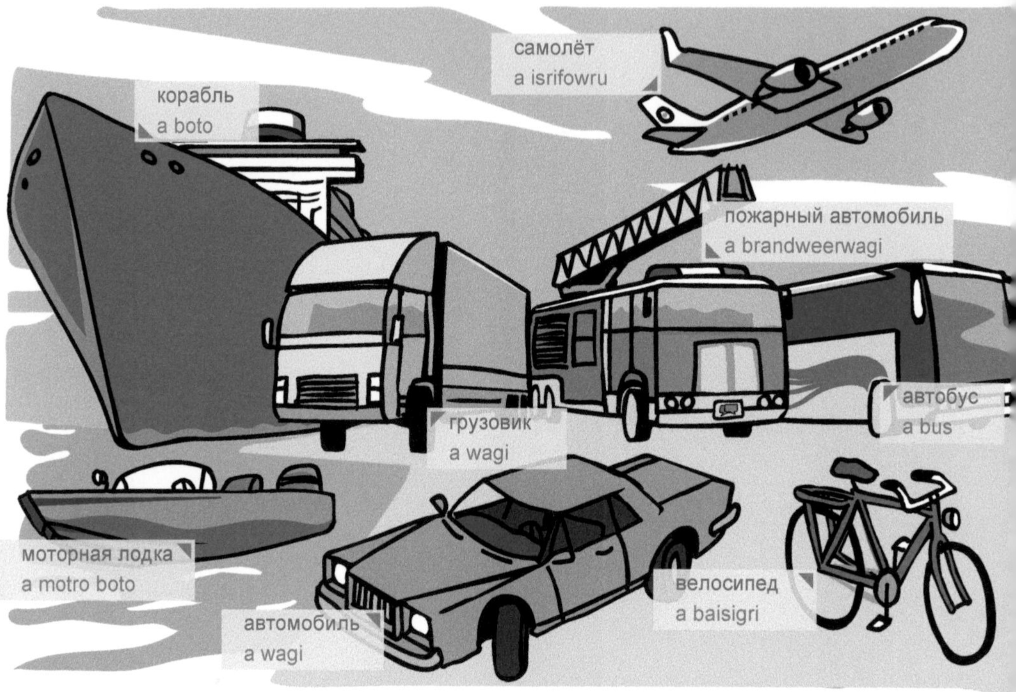

самолёт
a isrifowru

корабль
a boto

пожарный автомобиль
a brandweerwagi

грузовик
a wagi

автобус
a bus

моторная лодка
a motro boto

велосипед
a baisigri

автомобиль
a wagi

паром
a pondo

лодка
a boto

мотоцикл
a motro

полицейский автомобиль
a skowtu wagi

гоночный автомобиль
a streilon wagi

арендованный автомобиль
a yuru wagi

транспорт - a transport

совместное пользование автомобилями a wagi prati	буксировочный автомобиль a takelwagi	мусоровоз a doti wagi

двигатель a motro	топливо a oli	заправка a oli pompu
	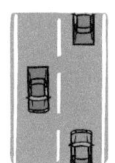	
дорожный знак a ferkeermarki	движение a ferkeer	пробка a reylo

автостоянка a parkeerpresi	вокзал a lokopresi	рельсы den rail
	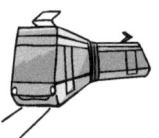	
поезд a loko	трамвай a loko	вагон a wagi

транспорт - a transport

вертолёт
a helikopter

аэропорт
a opolangi

вышка
a fortresi

пассажир
a pasasir

контейнер
a kontainer

коробка
a doso

тележка
a wagi

корзина
a baskita

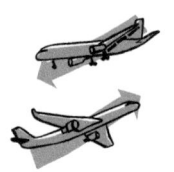
взлетать / приземляться
opo go / saka

город
a foto

деревня
a dorpu

центр города
a fotosei

дом
a oso

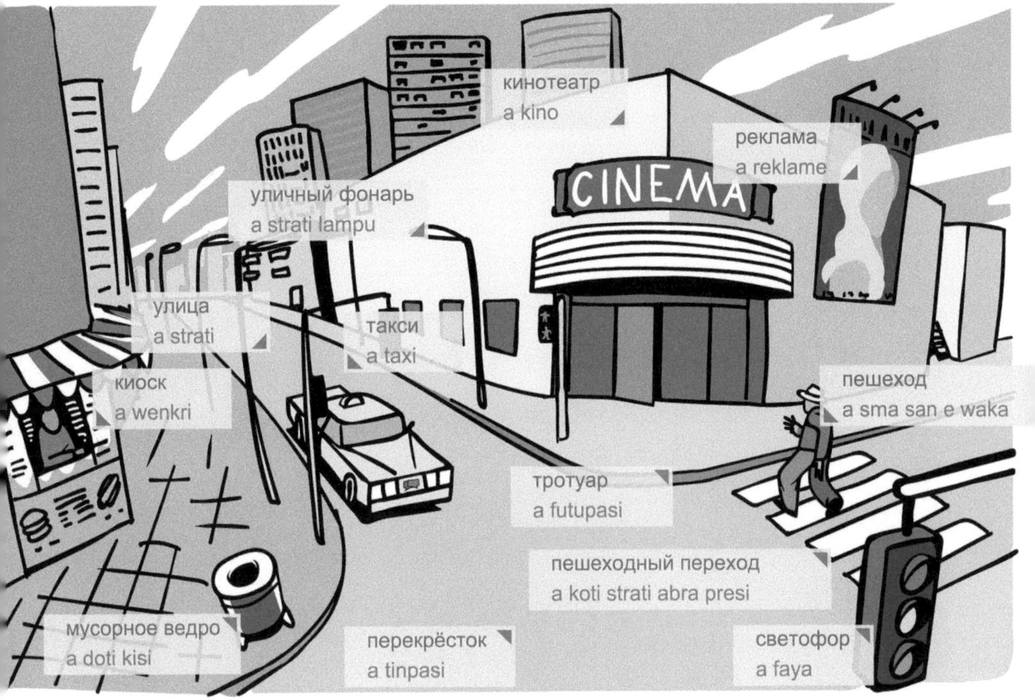

кинотеатр
a kino

реклама
a reklame

уличный фонарь
a strati lampu

улица
a strati

такси
a taxi

киоск
a wenkri

пешеход
a sma san e waka

тротуар
a futupasi

пешеходный переход
a koti strati abra presi

мусорное ведро
a doti kisi

перекрёсток
a tinpasi

светофор
a faya

хижина
a kampu

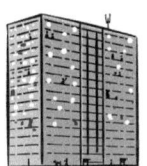

квартира
a oso

вокзал
a lokopresi

ратуша
a foto oso

музей
a museum

школа
a skoro

город - a foto

университет
a unifersiteit

банк
a bangi

больница
a ati oso

гостиница
a hotel

аптека
a apteiki

офис
a kantoro

книжный магазин
a buku winkri

магазин
a wenkri

цветочный магазин
a bromki winkri

супермаркет
a wenkri

рынок
a wowoyo

универмаг
a wowoyo

торговец рыбой
a fisi seri man

торговый центр
a bigi wenkri

порт
a lanpresi

парк
a park

скамейка
a bangi

мост
a broki

лестница
a trapu

метро
a fatyawagi

тоннель
a ondrogron-strati

автобусная остановка
a bushalte

бар
a bar

ресторан
a restaurant

почтовый ящик
a brifibus

табличка с названием улицы
a strati nen marki

паркометр
a parkeer marki

зоопарк
a meti dyari

бассейн
a swen presi

мечеть
a gado-oso

город - a foto

ферма
a burugron

загрязнение окружающей среды
a doti sani

кладбище
a berpe

церковь
a kerki

детская площадка
a prei presi

храм
a gado-oso

ландшафт
a landschap

лист — a wiwiri
дорожный указатель — a pasi marki
дорога — a pasi
луг — a wei
камень — a ston
дерево — a bon
путешественник — a koiri sma
река — a libi
трава — a grasi
цветок — a bromki

долина
a lagi presi

гора
a lebriki

озеро
a fisi-olo

лес
a busi

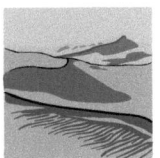

пустыня
a dreisabana

вулкан
a bergi

замок
a ridder-oso

радуга
a alenbo

гриб
a todoprasoro

пальма
a palmbon

комар
a maskita

муха
a freifrei

муравей
a mira

пчела
a waswasi

паук
a anansi

ландшафт - a landschap

жук
a asege

лягушка
a todo

белка
a bonboni

еж
a agidya

заяц
a kon koni

сова
a owru kuku

птица
a fowru

лебедь
a gansi

кабан
a werder agu

олень
a dia

лось
a dia

плотина
a dan

ветряной генератор
a winti miri

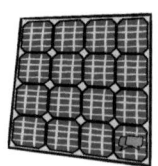

солнечная батарея
a son planga

климат
a weer

ландшафт - a landschap

ресторан
a restaurant

- официант — a diniman
- меню — a nyankarta
- стул — a sturu
- суп — a supu
- пицца — a pissa
- столовые приборы — nefi nanga forku
- скатерть — tafra duku

закуска
a fesi nyanyan

главное блюдо
a moro prenspari sortu nyan

десерт
a switi sani

напитки
a dringi

еда
a nyan

бутылка
a batra

ресторан - a restaurant

фастфуд
a fastfood

уличная еда
strati nyanyan

чайник
a tépatu

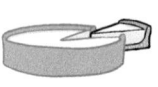

сахарница
sukru patu

порция
a krab'patu

кофеварка
a espressomasyin

детский стульчик
a pikin sturu

счет
a borgu

поднос
a brakri

нож
a nefi

вилка
a forku

ложка
a spun

чайная ложка
a téspun

салфетка
a servet

стакан
a grasi

ресторан - a restaurant

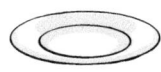
тарелка
a preti

суповая тарелка
a supu preti

блюдце
a skotriki

соус
a sowsu

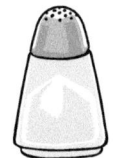
солонка
a sowtupatu

мельница для перца
a pepre miri

уксус
a asin

масло
a oli

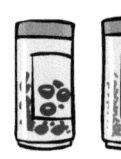
специи
den specerij

кетчуп
a ketchup

горчица
a mosterd

майонез
a mayonaise

ресторан - a restaurant

супермаркет

a wenkri

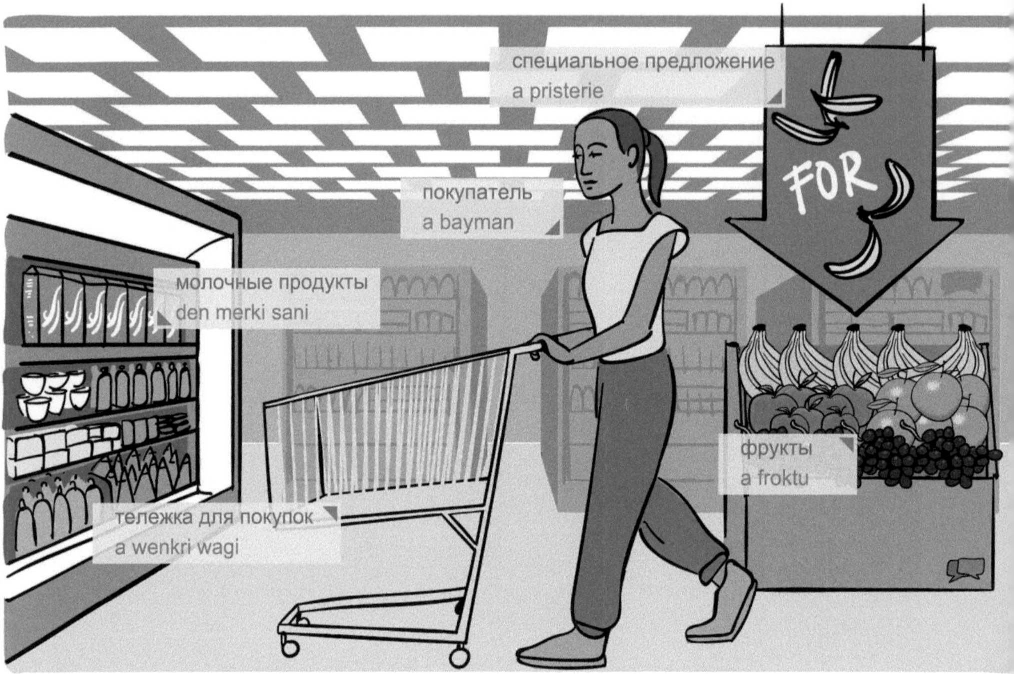

специальное предложение
a pristerie
FOR
покупатель
a bayman
молочные продукты
den merki sani
фрукты
a froktu
тележка для покупок
a wenkri wagi

BUTCHERS

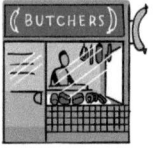

мясной магазин

a srakti-oso

BAKERY

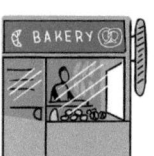

пекарня

a bakri-oso

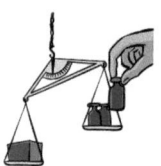

взвешивать

wegi

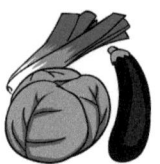

овощи

a gruntu

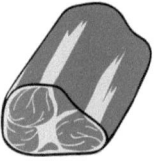

мясо

a meti

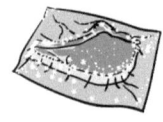

быстрозамороженные продукты

den ijskasi sani

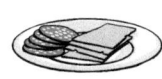
нарезка
a kowru meti

консервы
a blik nyan

стиральный порошок
a wasi sani

сладости
a switi sani

предмет домашнего обихода
den oso sani

моющее средство
a sani fu krin

продавщица
a seri sma

касса
a kas

кассир
a kasman

список покупок
a bai marki

время работы
den opo yuru

бумажник
a portmoni

кредитная карточка
a kreditkarta

сумка
a tas

полиэтиленовый пакет
a plastik saka

супермаркет - a wenkri

напитки
a dringi

вода
a watra

сок
a sap

молоко
a merki

кока-кола
a kola

вино
a win

пиво
a biri

алкоголь
a sopi

какао
a skrati

чай
a té

кофе
a kofi

эспрессо
a espresso

капучино
a kappuccino

еда
a nyan

банан
a bakba

яблоко
a apra

апельсин
a apresina

арбуз
a watramun

лимон
a sitrun

морковь
a rutu

чеснок
a konofroku

бамбук
a bambu

лук
a aiun

гриб
den todoprasoro

орехи
den noto

лапша
a pasta

спагетти	рис	салат
a spaghetti	a alesi	a salade

картофель фри	жареный картофель	пицца
a patata	den baka patata	a pissa

гамбургер	сэндвич	шницель
a burger	a brede	a schnitsel

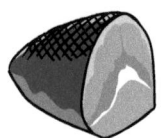

ветчина	салями	колбаса
a ameti	a salami	a worst

курица	жаркое	рыба
a kafowru	a bakadina	a fisi

еда - a nyan

овсяные хлопья	мюсли	кукурузные хлопья
a hafermout	a muesli	den karuflakes

мука	круассан	булочка
a blon	a croissant	den brede

хлеб	тост	печенье
a brede	a baka brede	a buskutu

масло	творог	пирог
a botro	a kwark	a kuku

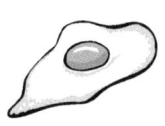

яйцо	яичница	сыр
a eksi	a baka eksi	a kasi

еда - a nyan

мороженое
a ice-cream

сахар
a sukru

мёд
a oni

мармелад
a jam

крем с нугой
a sukruskrati pasta

карри
a kerrie

еда - a nyan

ферма
a burugron

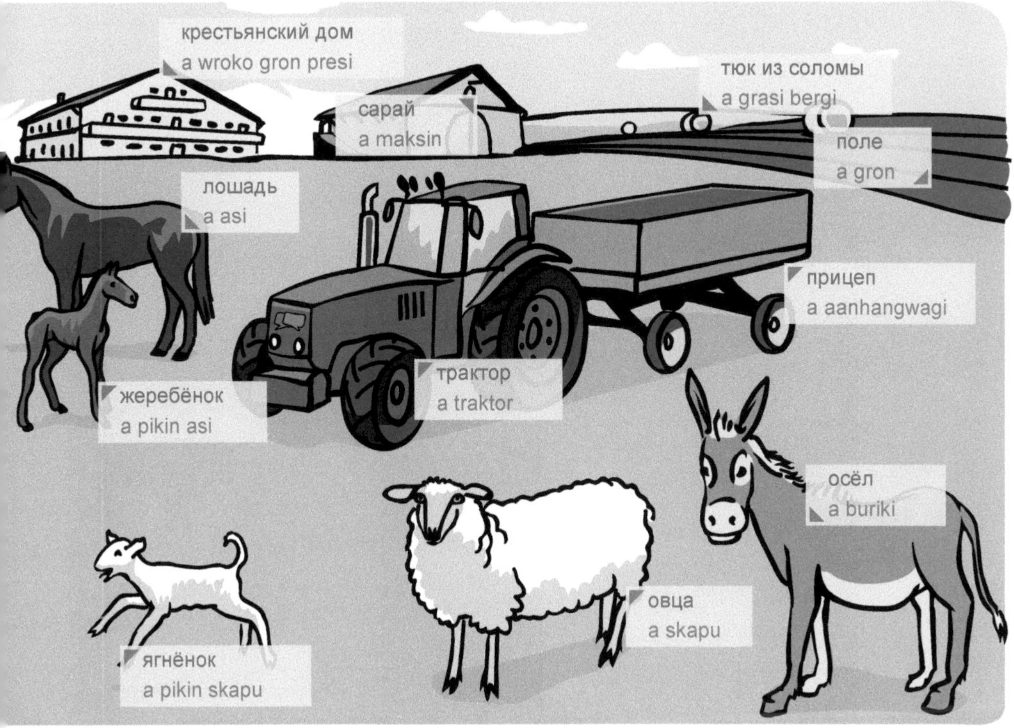

крестьянский дом — a wroko gron presi
сарай — a maksin
тюк из соломы — a grasi bergi
поле — a gron
лошадь — a asi
прицеп — a aanhangwagi
жеребёнок — a pikin asi
трактор — a traktor
осёл — a buriki
овца — a skapu
ягнёнок — a pikin skapu

коза

a krabita

корова

a kaw

телёнок

a pikin kaw

свинья

a agu

поросёнок

a pikin agu

бык

a burkaw

гусь
a gansi

утка
a doksi

цыплёнок
a pikin fowru

курица
a fowru

петух
a kakafowru

крыса
a alata

кошка
a puspusi

мышь
a moismoisi

вол
a burkaw

собака
a dagu

конура
a dagu pen

садовый шланг
a tuinslang

лейка
a watra kan

коса
a nefi

плуг
a pluga

ферма - a burugron

серп
a babun-nefi

мотыга
a tyapu

навозные вилы
a forku

топор
a beyri

тачка
a kroiwagi

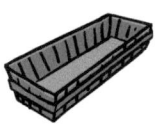

корыто
a baki

бидон для молока
a merki kan

мешок
a saka

забор
a skotu

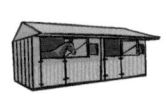

хлев
a pen

теплица
a grun kasi

почва
a gron

посев
a siri

удобрение
a doti

комбайн
a maaidorser

ферма - a burugron

собирать урожай
koti

урожай
a nyanyan

ямс
a yami

пшеница
a aleisi

соя
a soja

картофель
a patata

кукуруза
a karu

рапс
a koro siri

фруктовое дерево
a froktu bon

маниок
a kasaba

злаки
den siri

ферма - a burugron

дом
a oso

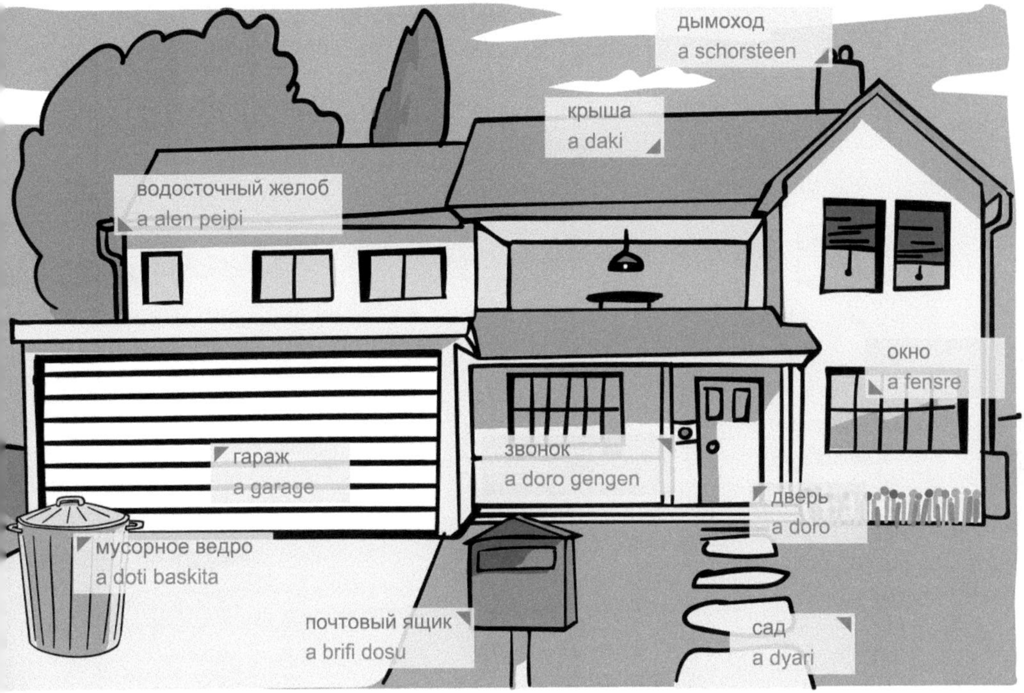

дымоход
a schorsteen

крыша
a daki

водосточный желоб
a alen peipi

окно
a fensre

гараж
a garage

звонок
a doro gengen

дверь
a doro

мусорное ведро
a doti baskita

почтовый ящик
a brifi dosu

сад
a dyari

гостиная

a foroisi

ванная комната

a was oso

кухня

a botrali

спальня

a sribikamra

детская комната

a pikin kamra

столовая

a nyanyan kamra

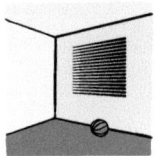 пол a gron	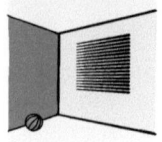 стена a skotu	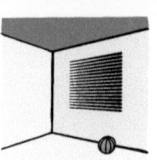 потолок a plafon
 подвал a kedre	 сауна a sauna	 балкон a barkon
 терраса a terras	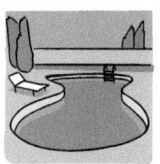 бассейн a swen presi	 газонокосилка a waimasyin
 пододеяльник a sribikrosi	 покрывало a sribikrosi	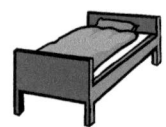 кровать a bedi
 метла a sisibi	 ведро a embre	 выключатель a san fu leti faya

дом - a oso

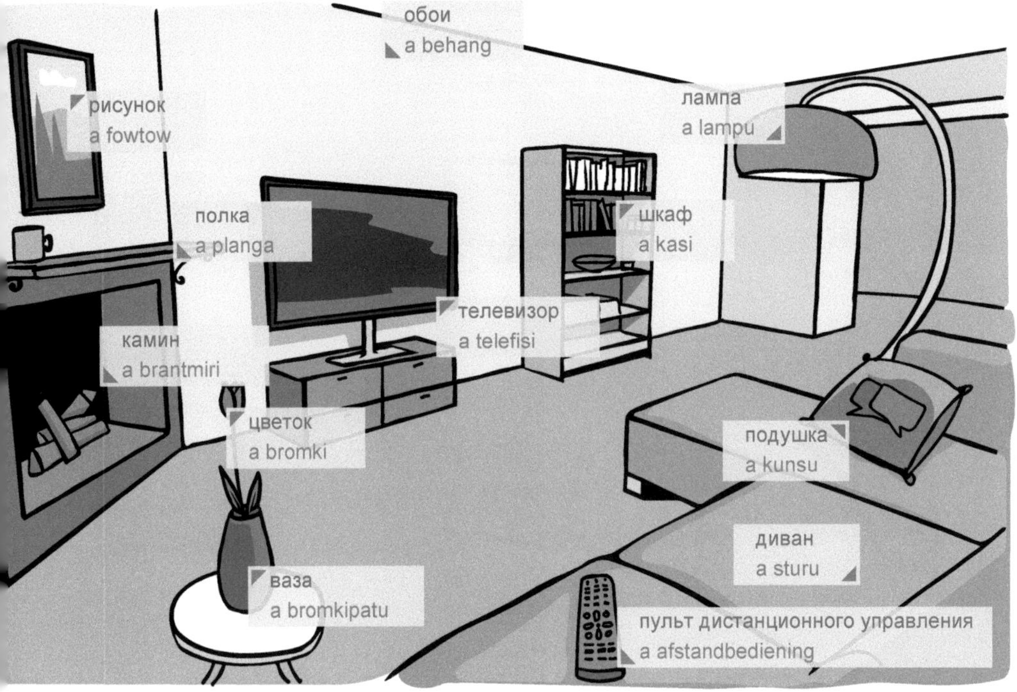

гостиная
a foroisi

обои — a behang
рисунок — a fowtow
лампа — a lampu
полка — a planga
шкаф — a kasi
камин — a brantmiri
телевизор — a telefisi
цветок — a bromki
подушка — a kunsu
ваза — a bromkipatu
диван — a sturu
пульт дистанционного управления — a afstandbediening

ковёр
a matamata

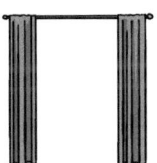

штора
a garden

стол
a tafra

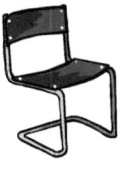

стул
a sturu

кресло-качалка
a boboisturu

кресло
a sturu

книга	покрывало	украшение
a buku	a tapun	a pranpran

дрова	фильм	стереосистема
a udu	a kino	a stereo-installatie

ключ	газета	картина
a sroto	a koranti	a skedrei

плакат	радио	блокнот
a poster	a konkrudosu	a skrifi buku

пылесос	кактус	свеча
a stofsuiger	a kaktus	a kandra

гостиная - a foroisi

кухня
a botrali

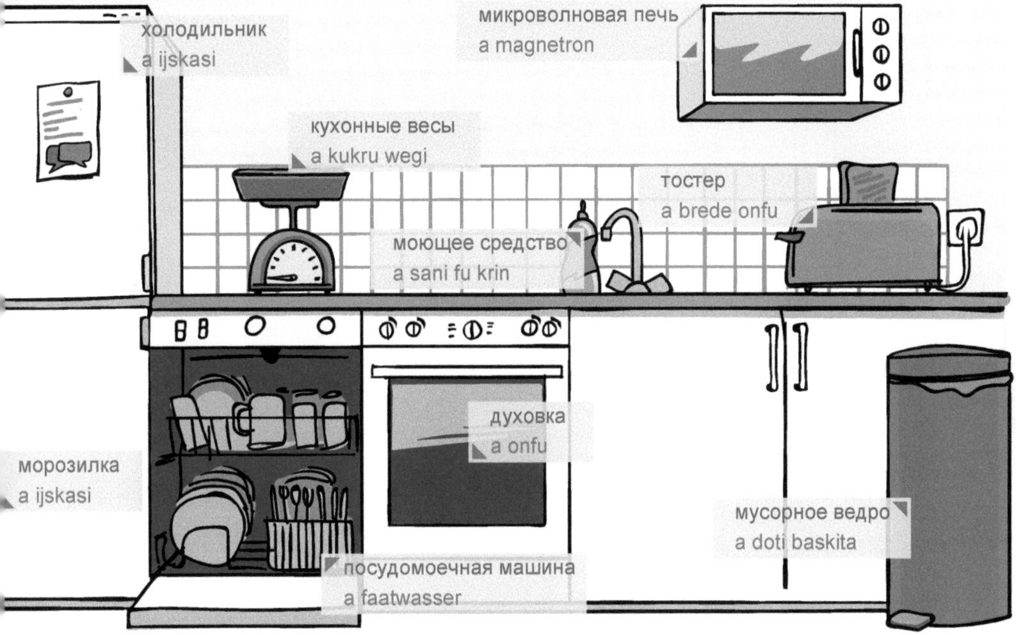

- холодильник — a ijskasi
- микроволновая печь — a magnetron
- кухонные весы — a kukru wegi
- тостер — a brede onfu
- моющее средство — a sani fu krin
- духовка — a onfu
- мусорное ведро — a doti baskita
- морозилка — a ijskasi
- посудомоечная машина — a faatwasser

плита
a onfu

кастрюля
a patu

чугунный котелок
a isri patu

вок / кадай
a wok / kadai

сковорода
a pan

чайник
a ketre

пароварка
a dampupatu

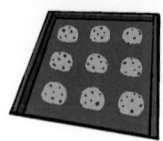

противень
a baka preti

посуда
den tafra-sani

кружка
a kan

миска
a koba

палочки для еды
den nyantiki

половник
a supu spun

лопатка
a spatel

сбивалка
a klutser

сито
a fergiet

сито
a dorodoro

тёрка
a gritigriti

ступка
a mortier

гриль
a barbakoto

костёр
a faya presi

кухня - a botrali

доска
a koti planga

скалка
a blon lolo

штопор
a korkutreki

жестяная банка
a tromu

консервный нож
a knefi fu opo blik

прихватка
a patu duku

раковина
a wasibaki

щетка
a bosro

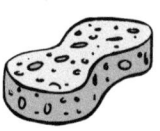

губка
a sponsu

миксер
a blender

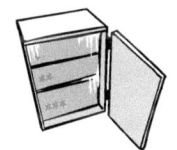

морозильная камера
a ijskasi

бутылочка для кормления
a beibi batra

кран
a kran

кухня - a botrali

37

ванная комната
a was oso

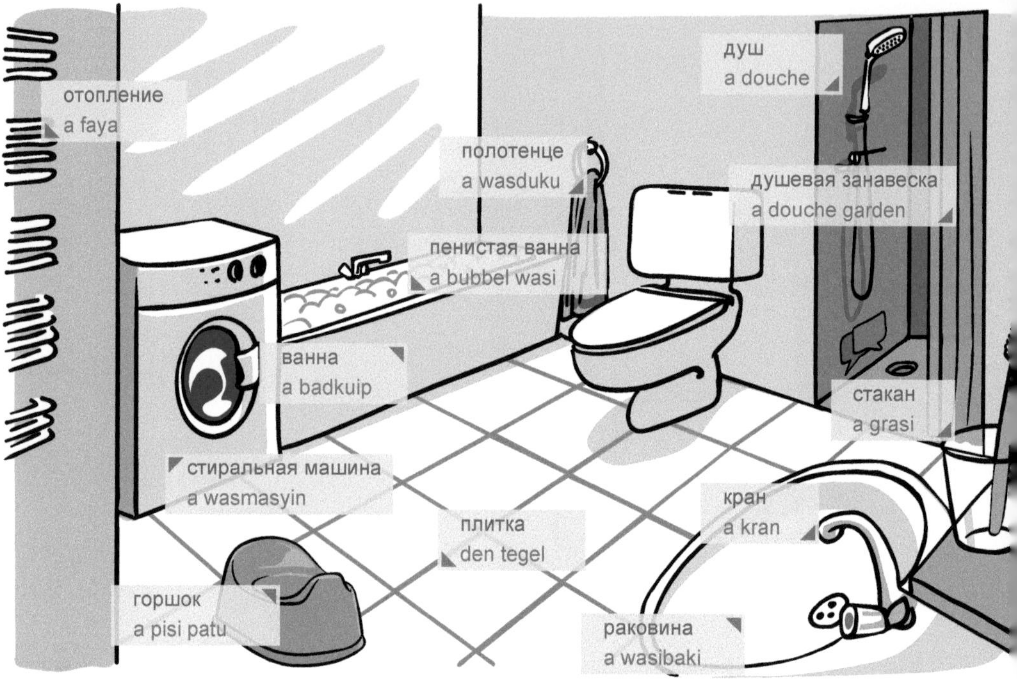

- отопление — a faya
- душ — a douche
- полотенце — a wasduku
- душевая занавеска — a douche garden
- пенистая ванна — a bubbel wasi
- ванна — a badkuip
- стакан — a grasi
- стиральная машина — a wasmasyin
- кран — a kran
- плитка — den tegel
- горшок — a pisi patu
- раковина — a wasibaki

туалет

a kumakoisi

напольный унитаз

a kumakoisi

биде

a bidet

писсуар

a pisi presi

туалетная бумага

a kumakoisi papira

ершик

a kumakoisi bosro

зубная щетка

a tifi bosro

зубная паста

a tandpasta

зубная нить

a floss

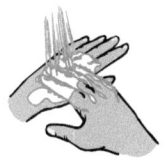

мыть

wasi

ручной душ

a douche

интимный душ

a kumakoisi douche

таз

a was koba

щетка для спины

a baka bosro

мыло

a sopo

гель для душа

a douchegel

шампунь

a sopo

мочалка

a was krosi

сток

a afvoer

крем

a krème

дезодорант

a okselstik

ванная комната - a was oso

зеркало	ручное зеркало	бритва
a spikri	a moimoi fu fesi spikri	a sebinefi

  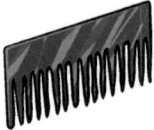

пена для бритья	лосьон после бритья	расческа
a sebiskuma	a aftershave	a kankan

щетка	фен	лак для волос
a bosro	a wiri drei masyin	a wirispray

косметика	губная помада	лак для ногтей
a moimoi fu fesi	a lippenstift	a nangra ferfi

вата	маникюрные ножницы	духи
den katun	a nangra sey	a switi smeri

ванная комната - a was oso

косметичка	табуретка	весы
a tas gi krin sani	a kroku	a wegi

 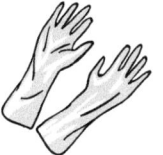 

халат	резиновые перчатки	тампон
a was dyaki	den handschoen fu krin	a tampon

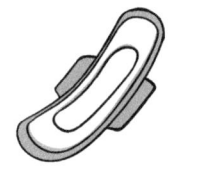 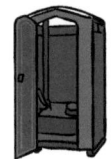

гигиеническая прокладка	биотуалет
a munduku	a kumakoisi

ванная комната - a was oso

детская комната
a pikin kamra

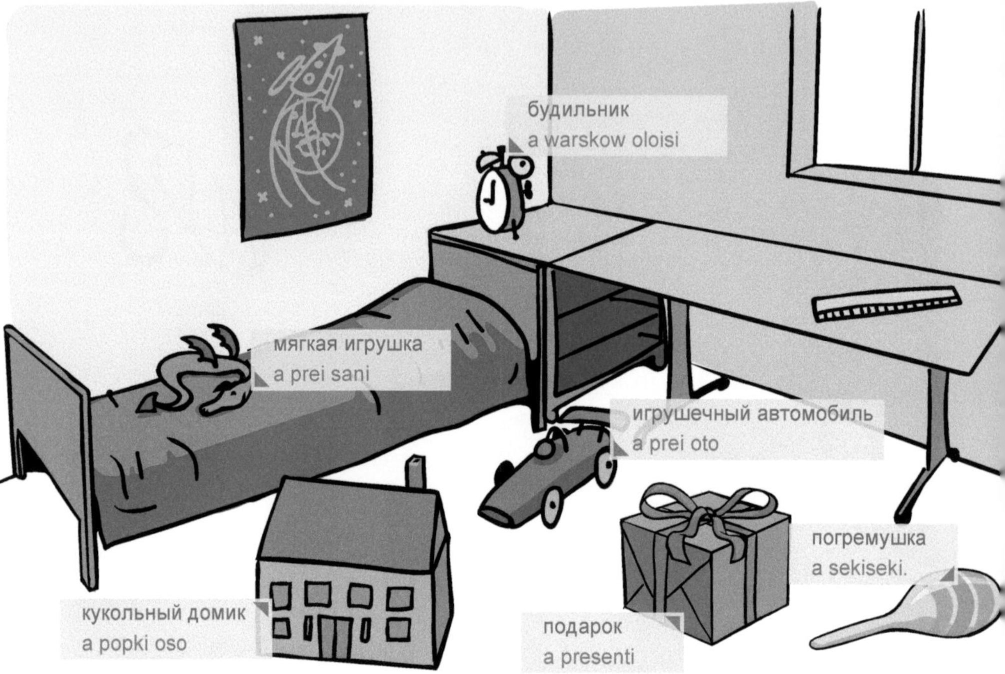

будильник
a warskow oloisi

мягкая игрушка
a prei sani

игрушечный автомобиль
a prei oto

погремушка
a sekiseki

кукольный домик
a popki oso

подарок
a presenti

воздушный шар

a ballon

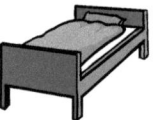

кровать

a bedi

детская коляска

a beibiwagi

карточная игра

a paki karta

пазл

a laytori

комикс

a strip torie

кирпичики Лего
den lego ston

кубики
den prei sani

игрушечная фигурка
a aktiefiguurtje

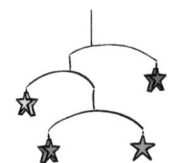

ползунки
a beibikrosi

фрисби
a frisbee

мобиле
a mobile

настольная игра
a prei tapu bord

кубик
a prei ston

модель железной дороги
a prei sani loko

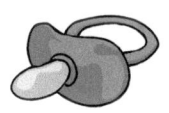

соска
a bobimofo

вечеринка
a fesa

книга с картинками
a prenki buku

мяч
a bal

кукла
a popki

играть
prei

детская комната - a pikin kamra

песочница
a santi baki

качели
a boboisturu

игрушка
den preisani

игровая приставка
a prei komputer

трёхколесный велосипед
a baysigri

плюшевый медвежонок
a prei sani

шкаф для одежды
a krosikasi

одежда
a krosi

носки
den kowsu

чулки
den kowsu

колготки
a kowsu

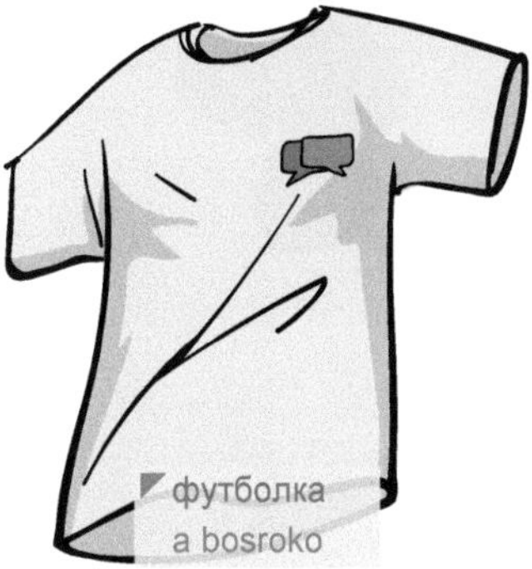

шарф
a sjaal

ремень
a banti

зонтик
a prasoro

футболка
a bosroko

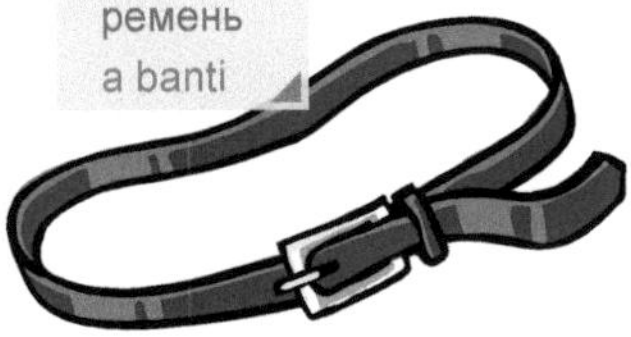

сапоги
a buta

тапки
den slipper

кроссовки
den pata

сандалии
den susu

ботинки
den susu

резиновые сапоги
a buta

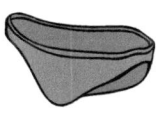

трусы
a jockey

бюстгальтер
a bh

майка
a kamsoro

одежда - a krosi

45

боди
a skin

брюки
a bruku

джинсы
a jeansbruku

юбка
a koto

блузка
a blus

рубашка
a empi

свитер
a empi

свитер
a dyaki

спортивная куртка
a djakti

жакет
a dyakti

пальто
a alendyakti

плащ
a alendyakti

костюм
a paki

платье
a yapon

свадебное платье
a trowyapon

одежда - a krosi

мужской костюм a paki	ночная сорочка a sribikrosi	пижама a sribikrosi

сари a sari	платок a angisa	тюрбан a tulband

паранджа a burka	кафтан a kaftan	абайя a abaya

купальник a swenkrosi	плавки a swenbruku	шорты a syatu bruku

спортивный костюм a training paki	фартук a feskoki	перчатки a handschoen

одежда - a krosi

пуговица
a knopo

очки
a aygrasi

браслет
a anubuy

цепочка
a keti

кольцо
a linga

серьга
a yesilinga

шапка
a ati

вешалка
a krosi anga

шляпа
a ati

галстук
a tay

застежка молния
a rits

шлем
a feti musu

подтяжки
a bretel

школьная форма
a sem skoro krosi

форма
a sem krosi

одежда - a krosi

детский нагрудник
a slabbetje

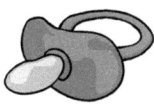
соска
a bobimofo

подгузник
a pisiduku

офис
a kantoro

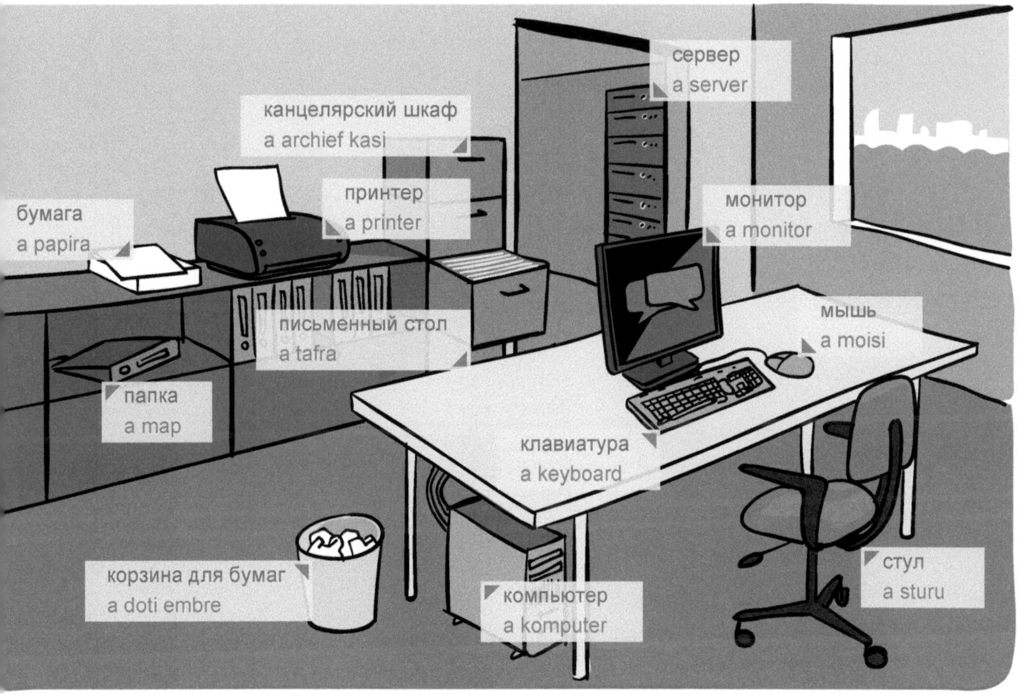

- сервер — a server
- канцелярский шкаф — a archief kasi
- принтер — a printer
- монитор — a monitor
- бумага — a papira
- письменный стол — a tafra
- мышь — a moisi
- папка — a map
- клавиатура — a keyboard
- корзина для бумаг — a doti embre
- стул — a sturu
- компьютер — a komputer

кофейная кружка
a kofi kan

калькулятор
a kalkulator

интернет
a internet

офис - a kantoro

ноутбук
a laptop

письмо
a brifi

сообщение
a boskopu

мобильный телефон
a konkrutitei

сеть
a neti

ксерокс
a kopi masyin

программа
a software

телефон
a konkrutitei

розетка
a stopkontakt

факс
a fax masyin

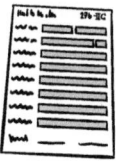

формуляр
a formulier

документ
a papira

офис - a kantoro

экономика
a ekonomia

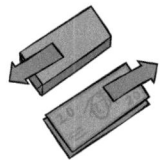
покупать
bai

платить
pai

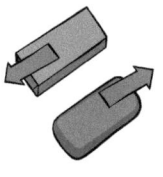
торговать
du

деньги
a moni

доллар
a dollar

евро
a euro

иена
a yen

рубль
a rubel

франк
a frank

жэньминьби юань
a renminbi yuan

рупия
a rupie

банкомат
a monimasyin

пункт обмена валюты

a kenki kantoro

золото

a gowtu

серебро

a solfru

нефть

a oli

энергия

a krakti

цена

a prijs

договор

a kontrakti

налог

a lantimoni

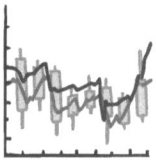

акция

a pisi

работать

wroko

служащий

a wrokoman

работодатель

a wrokobasi

фабрика

a fabrik

магазин

a wenkri

экономика - a ekonomia

профессии
den kari

милиционер
a skowtu

пожарный
a brandweerman

повар
a boriman

врач
a datra

пилот
a piloot

садовник
a djariman

столяр
a temreman

швея
a modist

судья
a krutubasi

химик
a scheikunde sma

актёр
a akteur

водитель автобуса	таксист	рыбак
a bus sjafeur	a taximan	a fisiman

уборщица	кровельщик	официант
a krinsma	a dakitapu man	a diniman

охотник	художник	пекарь
a ontiman	a ferfiman	a bakriman

электрик	строитель	инженер
a elektrikman	a bow-wroko man	a ensjinoru

мясник	сантехник	почтальон
a sraktiman	a loodgieter	a postbode

профессии - den kari

солдат
a srudati

архитектор
a architekt

кассир
a kasman

флорист
a bromkisma

парикмахер
a seti sma wiri man

кондуктор
a kondukteur

механик
a monteur

капитан
a kapten

зубной врач
a tifidatra

ученый
a sabiman

раввин
a Dyu domri

имам
a Moslim domri

монах
a moniki

священник
a priester

профессии - den kari

инструменты
a wrokosani

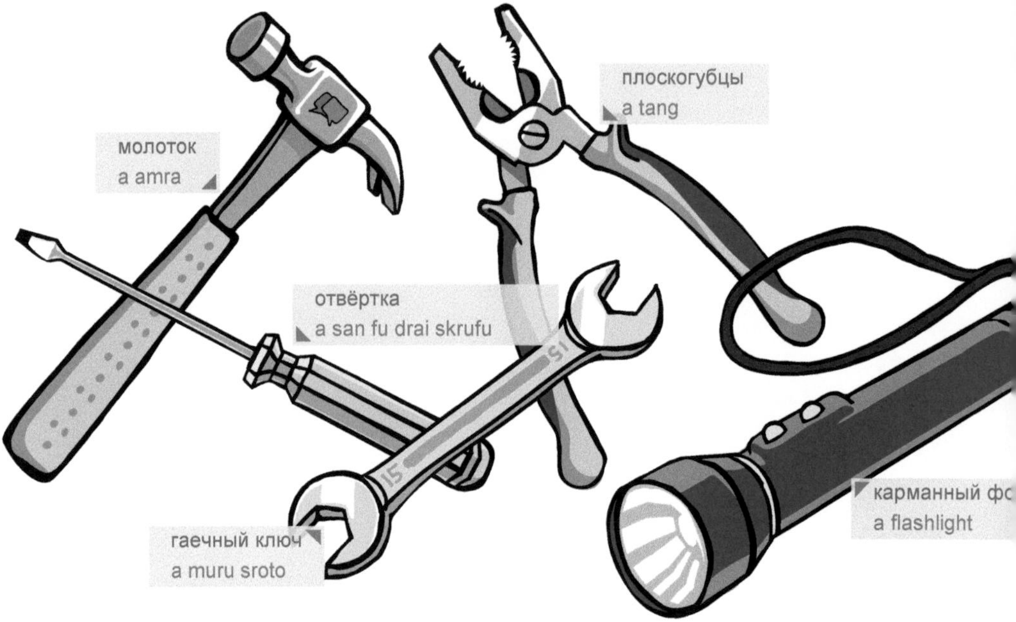

молоток
a amra

плоскогубцы
a tang

отвёртка
a san fu drai skrufu

гаечный ключ
a muru sroto

карманный фс
a flashlight

экскаватор

a dikimasyin

ящик для инструментов

a wrokosani kisi

стремянка

a trapu

пила

a sa

гвозди

den spikri

дрель

a boro

ремонтировать
meki

лопата
a skepi

Блин!
Baya!

совок
a stofblik

ведро с краской
a ferfi patu

винты
den skrufu

музыкальные инструменты
den poku sani

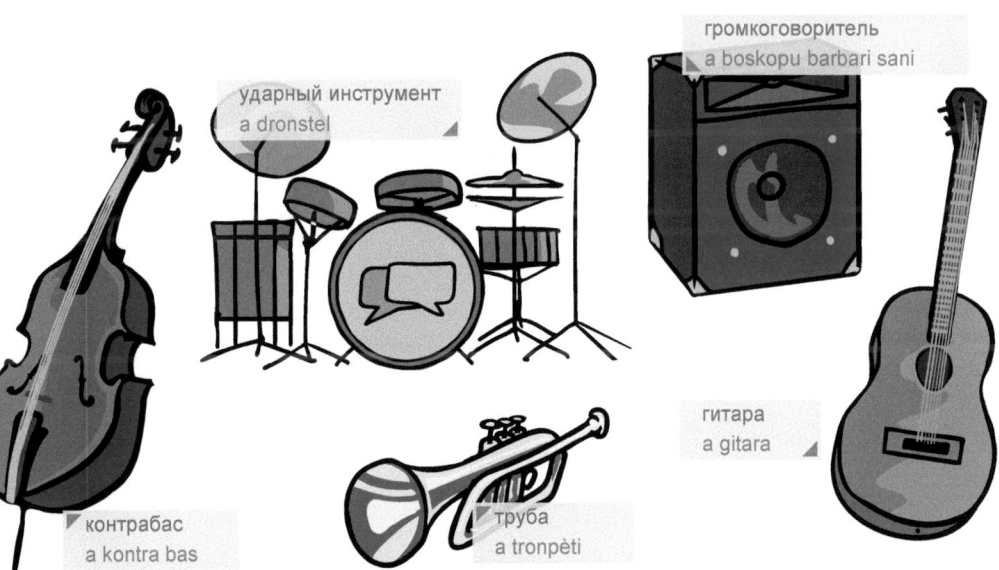

ударный инструмент
a dronstel

громкоговоритель
a boskopu barbari sani

контрабас
a kontra bas

труба
a tronpèti

гитара
a gitara

пианино a piano	скрипка a finyoro	бас-гитара a bas

литавры a pauk	барабан a dron	синтезатор a keyboard

саксофон a saxofon	флейта a froiti	микрофон a mikrofon

зоопарк
a meti dyari

тигр
a tigri

вход
a mofodoro

клетка
a pen

зебра
a sabanaburiki

корм
a meti nyan

панда
a panda

животные

den meti

слон

a asaw

кенгуру

a kangeru

носорог

a neushoorn

горилла

a gorilla

медведь

a beer

 верблюд a kameri	 страус a stroisifowru	 лев a lew
 обезьяна a monki	 фламинго a korikori	 попугай a popokai
 белый медведь a ijsbeer	 пингвин a pinguïn	 акула a sarki
 павлин a prodokaka	 змея a sneki	 крокодил a kaiman
 служитель зоопарка a sma san e sorgu meti	 тюлень a sedagu	 ягуар a penitigri

зоопарк - a meti dyari

пони
a pikin asi

леопард
a penitigri

бегемот
a watrabofru

жираф
a giraf

орёл
a aka

кабан
a werder agu

рыба
a fisi

черепаха
a sekrepatu

морж
a walrus

лиса
a sabanadagu

газель
a dia

спорт
a sport

действия
den aktifiteit

прыгать / jompo
смеяться / lafu
обнимать / brasa
идти / waka
петь / singi
мечтать / dren
молиться / begi
целовать / bosi

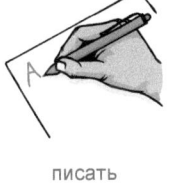

писать
skrifi

рисовать
hari

показывать
sori

нажимать
pusu

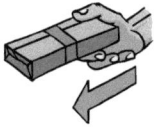

давать
gi

брать
teki

иметь
abi

делать
dati

быть
de

стоять
tnapu

бежать
lon

тянуть
hari

бросать
trowe

падать
fadon

лежать
lei

ждать
wakti

носить
tyari

сидеть
sidon

надевать
weri

спать
sribi

просыпаться
wiki

действия - den aktifiteit

рассматривать
luku

плакать
krei

гладить
korikori

причесывать
kan

говорить
taki

понимать
ferstan

спрашивать
aksi

слушать
arki

пить
dringi

кушать
nyanyan

наводить порядок
krin

любить
lobi

готовить
bori

ехать
rei

летать
frei

действия - den aktifiteit

ходить под парусом	считать	читать
seiri	teri	lesi

учиться	работать	вступать в брак
leri	wroko	trow

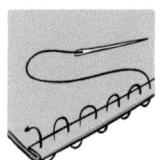  

шить	чистить зубы	убивать
nai	krintifi	kiri

курить	отправлять
smoko	seni

действия - den aktifiteit

семья
a famiri

- бабушка / a granmama
- дедушка / a granpapa
- папа / a papa
- мама / a mama
- младенец / a beibi
- дочь / a umapikin
- сын / a manpikin

гость

a fisiti

тетя

a tanta

дядя

a omu

брат

a brada

сестра

a sisa

тело
a skin

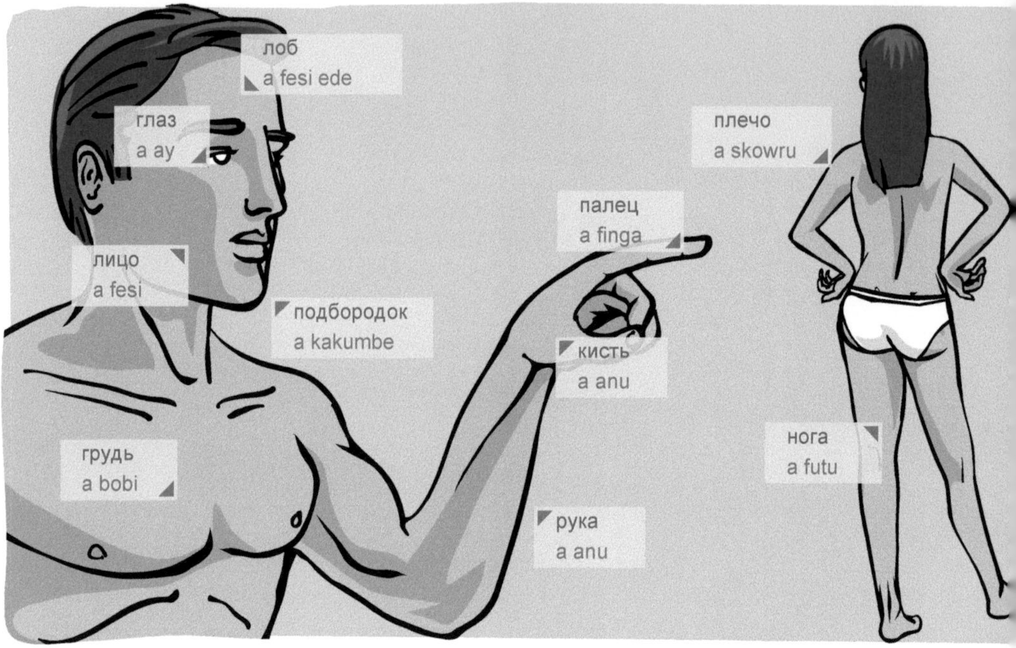

- лоб — a fesi ede
- глаз — a ay
- лицо — a fesi
- подбородок — a kakumbe
- грудь — a bobi
- плечо — a skowru
- палец — a finga
- кисть — a anu
- рука — a anu
- нога — a futu

младенец
a beibi

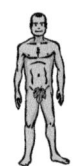

мужчина
a man

женщина
a uma

девочка
a uma pikin

мальчик
a boi

голова
a ede

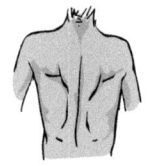

спина
a baka

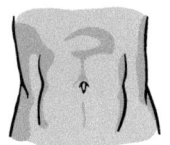

живот
a bere

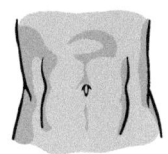

пупок
a kumba

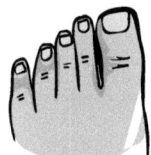

палец ноги
a futufinga

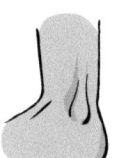

пятка
a bakafutu

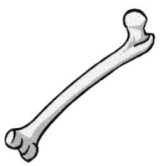

кость
a bonyo

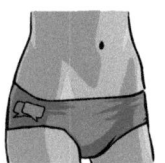

бедро
a djonku

колено
a kindi

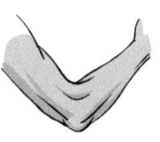

локоть
a baka anu

нос
a noso

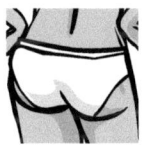

ягодицы
a bakasei

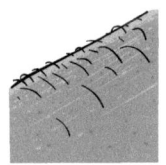

кожа
a skin

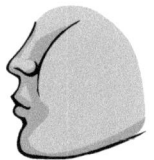

щека
a seifesi

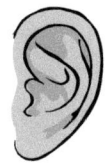

ухо
a yesi

губа
den mofobuba

тело - a skin

рот
a mofo

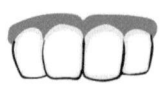

зуб
a tifi

язык
a tongo

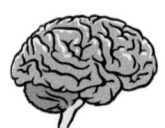

мозг
a ede tonton

сердце
a ati

мышца
a titei

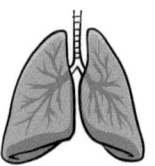

лёгкое
a fokofoko

печень
a lefre

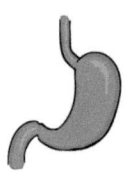

желудок
a bere

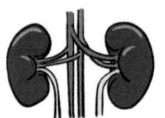

почки
den niri

половой акт
a freiri

презерватив
a pipikowsu

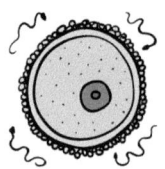

яйцеклетка
a eksi

сперма
a siri

беременность
a bere

тело - a skin

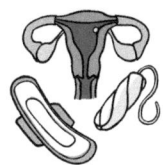

менструация
a munsiki

вагина
a umapresi

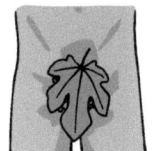

пенис
a toli

бровь
a tapu-ay-wiwiri

волосы
a wiwiri

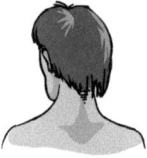

шея
a neki

тело - a skin

больница
a ati oso

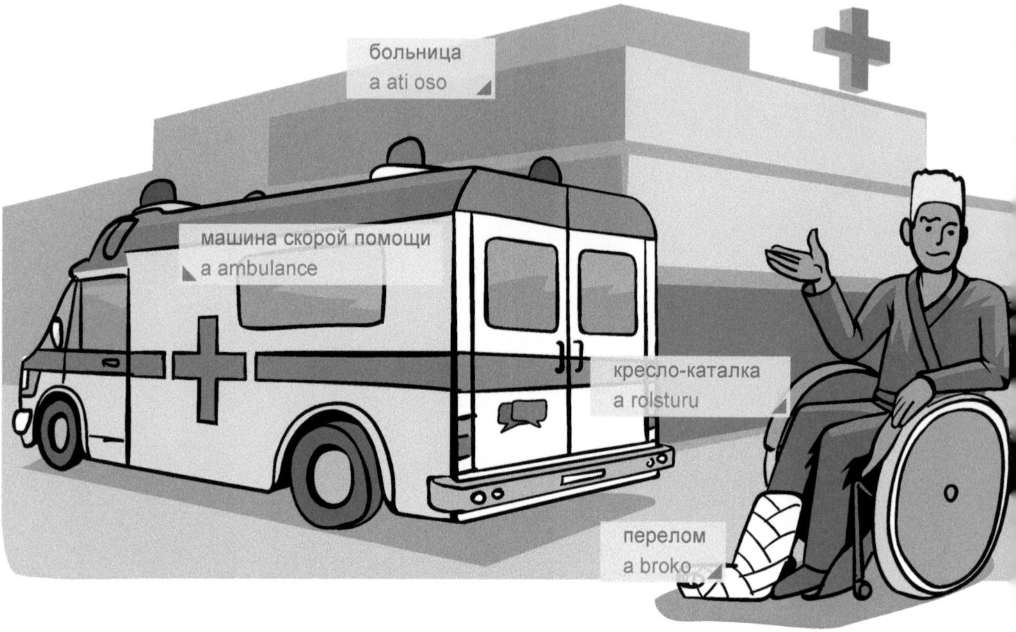

больница
a ati oso

машина скорой помощи
a ambulance

кресло-каталка
a rolsturu

перелом
a broko

врач

a datra

пункт первой помощи

a EHBO

медсестра

a suster

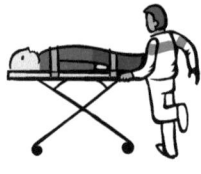

неотложный случай

a nowtu

без сознания

flaw

боль

a pen

повреждение
a soro

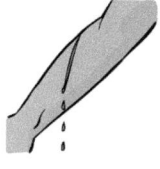

кровотечение
a brudu

инфаркт
a ati siki

инсульт
a bururtu

аллергия
a trefu

кашель
koso

повышенная температура
a kortsu

грипп
a griep

понос
a lusu bere

головная боль
a ede-ati

рак
a takrusiki

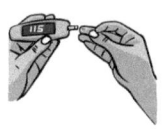

диабет
a sukru

хирург
a chirurg

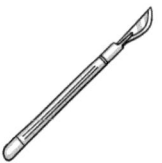

скальпель
a skalpel

операция
a operâsi

больница - a ati oso

КТ
a CT

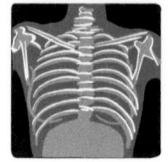

рентген
a röntgen

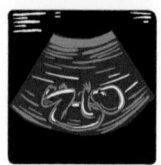

ультразвук
a echo

маска
a fesi maskradu

болезнь
a siki

приёмная
a wakti kamra

костыль
a kroku

пластырь
a duku

бинт
a duku

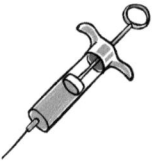

укол
a spoiti

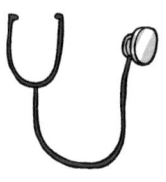

стетоскоп
a stethoskoop

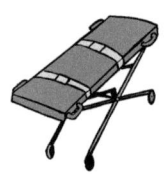

носилки
a brandkard

термометр
a temperatuur marki

рождение
a gebore

избыточный вес
a fatu

больница - a ati oso

слуховой аппарат
a masyin fu yere

дезинфекционное средство
a sani fu krin

инфекция
a dyomposiki

вирус
a firus

ВИЧ / СПИД
a HIV / AIDS

лекарство
a dresi

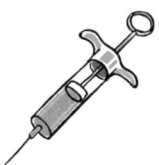
прививка
a faksinasi

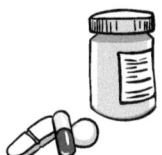
таблетки
den perki

противозачаточная таблетка
a perki

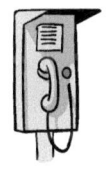
экстренный вызов
a nowtu nomru

прибор для измерения кровяного давления
a brudu marki

больной / здоровый
siki / gesontu

больница - a ati oso

неотложный случай
a nowtu

Помогите!
Yepi!

сигнал тревоги
a warskow

нападение
a feti

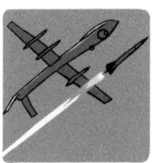

атака
a feti

опасность
a ogri

запасной выход
a nowtu doro

Пожар!
Faya!

огнетушитель
a fayakiri sani

несчастный случай
a mankeri

аптечка
a EHBO-kofru

SOS
SOS

милиция
a skowtu

земля
a grontapu

Европа
Bakrakondre

Северная Америка
Opo-Amerkan

Южная Америка
Suid-Amerkan

Африка
Afrika

Азия
Asi

Австралия
Australia

Атлантический океан
a Atlantis Se

Тихий океан
a Tan tiri Se

Индийский океан
a Indisch Se

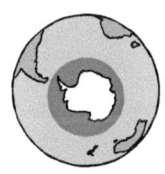

Антарктический океан
a Suidsei Se

Северный Ледовитый океан
a Noordsei Se

Северный полюс
a Noordsei

Южный полюс	Антарктика	земля
a Suidsei	Antartika	a grontapu

  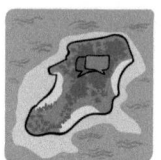

суша	море	остров
a kondre	a se	a eilanti

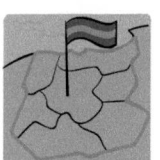 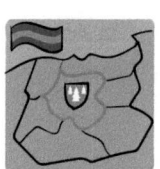

нация	государство
a nâsi	a lanti

часы
oloisi

циферблат

a oloisi fesi

часовая стрелка

a yuru sori

минутная стрелка

a miniti sori

секундная стрелка

a sekonde sori

Который час?

O lati a de?

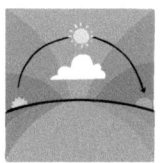

день

a dey

время

a ten

сейчас

now

электронные часы

a oloisi

минута

a miniti

час

a yuru

неделя
a wiki

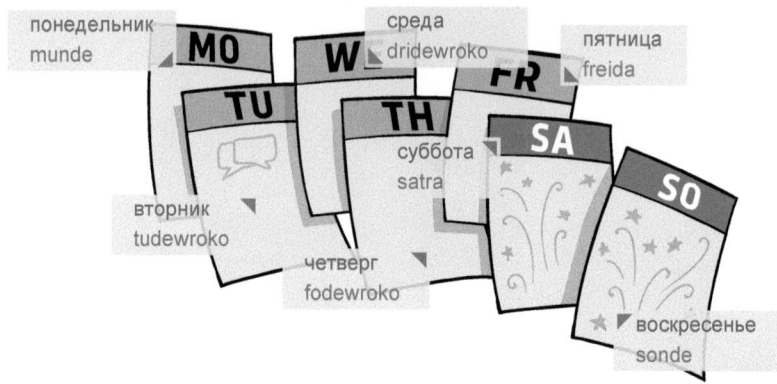

понедельник
munde

среда
dridewroko

пятница
freida

вторник
tudewroko

суббота
satra

четверг
fodewroko

воскресенье
sonde

вчера
esde

сегодня
tide

завтра
tamara

утро
a mamanten

полдень
a bakadina

вечер
a neti

рабочие дни
den wrokodei

выходные
a weekend

год

a yari

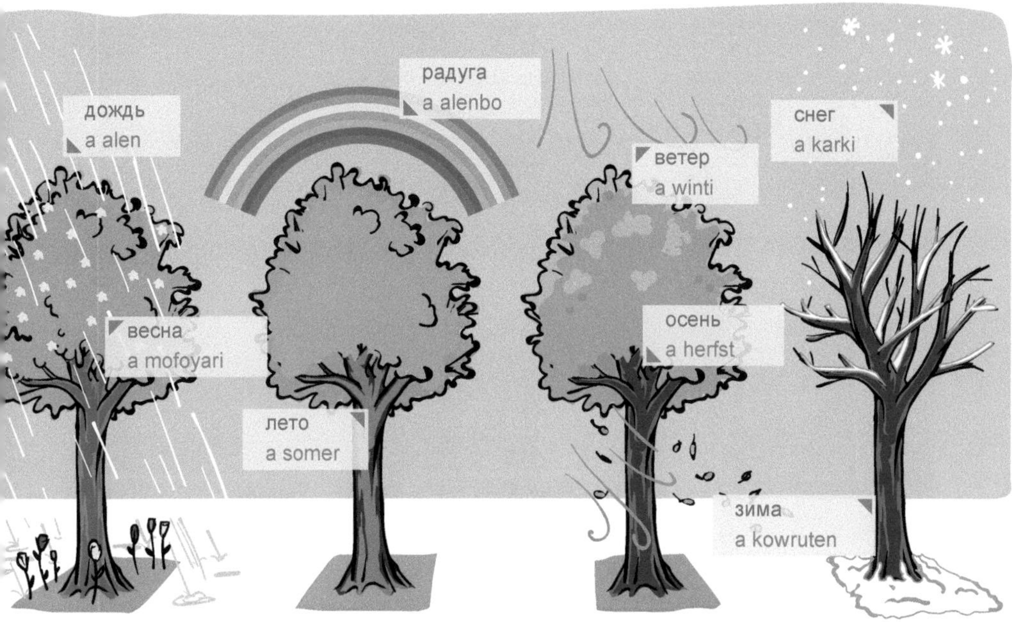

дождь
a alen
радуга
a alenbo
ветер
a winti
снег
a karki
весна
a mofoyari
осень
a herfst
лето
a somer
зима
a kowruten

4.APRIL 11°
5.APRIL 4°
6.APRIL 13°
7.APRIL 8°
8.APRIL 10°

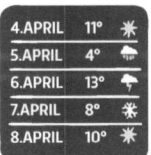

прогноз погоды

a taki fu a weer

F
C
120
90
60
30
0
-30
40
30
20
10
0
-10
-20

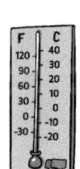

термометр

a thermometer

солнечный свет

a skèin fu a son

туча

a wolku

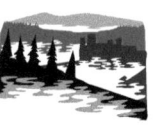

туман

a dow

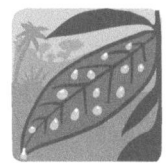

влажность воздуха

a loktu foktu

молния
a faya

гром
a dondru

буря
a sekiwatra

град
a agra

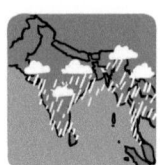

муссон
a bigi skwala

наводнение
a frudu

лёд
a èisi

январь
januari

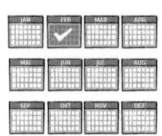

февраль
februari

март
maart

апрель
april

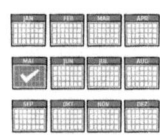

май
mei

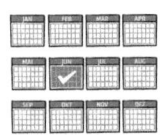

июнь
juni

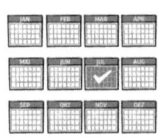

июль
juli

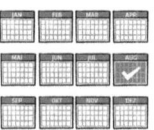

август
augustus

год - a yari

сентябрь
september

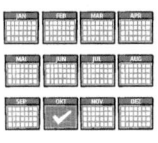
октябрь
oktober

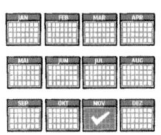
ноябрь
nofember

декабрь
december

формы
den form

круг
a lontu

квадрат
a fokanti

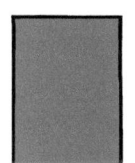
прямоугольник
a fokanti naga langa sei

треугольник
a dri-uku

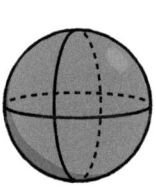
шар
a lontu

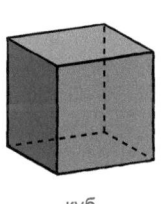
куб
a kubus

цвета
kloru

белый
witi

желтый
geri

оранжевый
alanya

розовый
ròs

красный
redi

лиловый
lila

синий
blaw

зелёный
grun

коричневый
broin

серый
grei

черный
blaka

противоположности
difrenti

много / мало   яростный / мирный   красивый / уродливый

tumsi / wanwan   atibron / tiri   moi / takru

начало / конец   большой / маленький   светлый / тёмный

begin / kba   bigi / ptyin   lekti / dungru

брат / сестра   чистый / грязный   полный / неполный

brada / sisa   krin / doti   krinkrin / no bun nofo

день / ночь   мёртвый / живой   широкий / узкий

dei / neti   dede / libi   bradi / smara

съедобный / несъедобный
kan nyan / no kan nyan

злой / дружелюбный
takru / bun

взволнованный / скучающий
prisiri / ferferi

толстый / худой
fatu / fini

сначала / в конце
fosi / lasti

друг / враг
mati / feyanti

полный / пустой
furu / leigi

твёрдый / мягкий
tranga / safu

тяжёлый / легкий
hebi / lekti

голод / жажда
angri / dreineki

больной / здоровый
siki / gesontu

незаконный / законный
no gi pasi / tru

умный / глупый
koni / don

слева / справа
kruktu / leti

близко / далеко
gi / fara

противоположности - difrenti

новый / подержанный
nyun / owru

ничто / нечто
noti / wan sani

старый / молодой
owru / jongu

включено / выключено
leti / tapu

открыто / закрыто
opo / tapu

тихо / громко
safu / tranga

богатый / бедный
gudu / poti

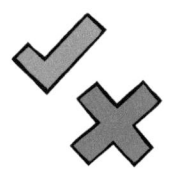

правильный / неправильный
bun / fowtu

шероховатый / гладкий
grofu / grati

печальный / счастливый
sari / breiti

короткий / длинный
shatu / langa

медленный / быстрый
loli / esi esi

мокрый / сухой
nati / drei

тёплый / прохладный
warang / kowru

война / мир
feti / freide

противоположности - difrenti

цифры
den nomru

0 ноль — noti

1 один — wan

2 два — tu

3 три — dri

4 четыре — fo

5 пять — feifi

6 шесть — siksi

7 семь — seibi

8 восемь — aiti

9 девять — neigi

10 десять — tin

11 одиннадцать — erfu

12

двенадцать
twarfu

13

тринадцать
tin-na-dri

14

четырнадцать
tin-na-fo

15

пятнадцать
tin-na-feifi

16

шестнадцать
tin-na-siksi

17

семнадцать
tin-na-seibi

18

восемнадцать
tin-na-aiti

19

девятнадцать
tin-na-neigi

20

двадцать
twenti

100

сто
hondru

1.000

тысяча
dusun

1.000.000

миллион
milyun

цифры - den nomru

ЯЗЫКИ
den tongo

английский

Ingristongo

американский английский

Amerkan Ingristongo

мандаринский китайский

Sneisi Mandarijntongo

хинди

Hinditongo

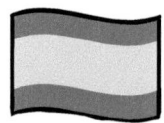

испанский

Spanyoro

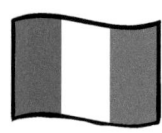

французский

Frans

арабский

Arabiatongo

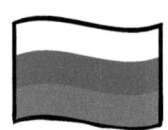

русский

Rusitongo

португальский

Potogisi

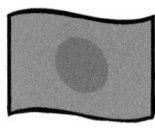

бенгальский

Bengalitongo

немецкий

Doisritongo

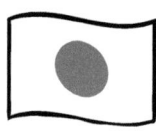

японский

Japantongo

кто / что / как
suma / sang / fa

я
mi

ты
yu

он / она / оно
en / en / en

мы
unu

вы
yu

они
den

кто?
suma?

что?
san?

как?
fa?

где?
pe?

когда?
oten?

имя
a nen

где
ре

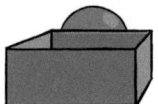

за
baka

в
ini

перед
fesi

над
abra

на
tapu

под
ondro

рядом
na sei

между
mindri

место
presi